JN418687

시화전 개최 기념 축하 케익 절단 (2010. 10. 22, 용인향교)

시화전에 작품 전시를 한 회원들이 한 자리에

회원 시화전에 전시된 작품들

전시된 작품을 관람하는 내빈들

신춘 시낭송회를 마치고(2011. 4. 22)

회원 등단 축하회에서(2011. 5.)

경주 감은사지에서(2011. 7.)

경주 양동마을을 둘러보고(2011. 7.)

용인명륜문학회 제4집

은행나무 숲길을 따라

국립중앙도서관 출판시도서목록(CIP)

은행나무 숲길을 따라 : 지은이: 이은경 외, -- 서울 : 한누리미디어, 2011
p. ; cm, -- (용인명륜문학회 ; 제4집)

ISBN 978-89-7969-399-7 03810 : ₩10000

한국 현대시 [韓國 現代詩]

811.7-KDC5
895.715-DDC21 CIP2011004077

용인명륜문학회 제4집

은행나무 숲길을 따라

한누리미디어

발간사

고통 뒤에 오는 기쁨

금년 여름은 유난히 비가 잦아 수해 소식으로 마음을 졸였으나 어느새 우리 곁에 가을이 찾아와 농부들의 한숨 속에서도 들녘에는 빠알간 고추가 영글어가고 있으며 땀 흘린 열매를 수확하는 기쁨도 안겨주고 있습니다.

하마비마을 법화산 자락에 고즈넉이 자리잡은 우리들의 배움터 용인향교 뜨락에 물들어가는 잎새를 바라보며 명륜문학 동인지 4집을 상재하는 기쁨을 맞습니다.

지난해에는 준비가 부족하여 동인지 발간이 무산되었지만 그 사이 새로운 회원들과 기존의 식구들이 마음을 합쳐 뜨거운 열정으로 글을 쓰며 틈틈이 다녀온 문학답사와 야외수업 및 외부 시낭송회 참가 등으로 시야를 넓히고 시작에 몰두할 수 있었음은 참으로 다행한 일이며 우리의 인내와 고통이 수반한 축복이라 하겠습니다.

아직은 여러 가지로 미흡하지만 갈 길이 먼 우리의 미래, 꿈을 향해서 새로운 출발을 다짐하며 이번에 작품집 발간을 지원해 주신 용인시 예총 문협 관계자님들께도 감사를 드립니다.

한 해 한 해, 해를 거듭하며 회원들의 눈빛도 창작 열의에 불타고 있음을 느낍니다. 새로운 소재를 찾고 더 좋은 작품을 쓰려고 함께 모이는 수업시간은 늘 모자람을 느끼지만 짧은 시간이나마 각자의 바쁜 일상에서 벗어나 서로의 가슴을 열고 시상을 가다듬는 일은 참으로 감사한 은혜가 아닐 수 없습니다.

저희들에게 소중한 배움의 자리를 내어주시고 격려와 칭찬을 아끼지 않으시는 박지영 전교님, 이기창 학장님, 이수길 총무님 그리고 번뜩이는 재치와 봉사로 문학반을 기쁘게 도와주시는 사선당 도숙희 님께 진심으로 감사합니다. 또한 처음부터 지금껏 정성으로 문학반을 지도해 주시는 김태호 선생님께 감사를 드립니다. 저희들은 더 좋은 글, 아름다운 시로써 보답할 것입니다.

항상 즐거운 마음으로 함께 나아가는 문학반의 언니, 오빠, 아우님(?)들께 더더욱 존경과 감사를 드립니다. 앞으로도 우리 모두 마음 모아 문학의 향기 속에 건강한 웃음꽃을 피워가기를 소망합니다.

그리고 뒤편에서 후원하며 지켜보시는 사랑하는 가족들의 응원에도 감사하며 모든 분들과 우리의 동인지 4집 출간의 기쁨을 함께합니다.

감사합니다.

2011. 9. 30

명륜문학회 회장 **이 은 경**

축사

용인향교에서 지식과 견문을 넓혀 창작활동에 도움되길 희망하며

올해는 유난히도 그칠 줄 모르고 줄기차게 폭우가 내려 우리 농민들이 지어놓은 각종 과일 채소들이 제 시기에 자라지 못하였고 산사태 물난리 등으로 인하여 재산은 물론 인명피해로 인한 손실이 적지 않았습니다.

아무쪼록 가을에는 일기가 좋아져서 피해가 최소화하기를 진심으로 바라마지 않습니다.

용인향교 명륜문학회가 발족한 지 몇 년 되지 않았습니다만 2009년 동인시집 3집을 출간한 지 2년 만에 제4집을 발간하게 되어 매우 기쁘고 반갑기 그지 없으며 회원 여러분들의 노고에 치하를 드립니다.

우리 용인향교 교육관이 시설도 불비하고 모든 냉난방시설 또한 불편한 점이 많은데도 불구하고 불평 한 번 없이 묵묵히 열과 성을 다하여 시낭송회 야외활동을 통하여 지식과 견문을 넓혀 창작활동을 한 결과 많은 회원들이 문인으

旦松 **朴址榮**
(龍仁鄕校 典校)

로 등단했는가 하면 개인적으로 시집도 출판함으로써 명실공히 시인으로 인정받고 있음은 이미 다 아는 사실입니다.

늘 말씀드리지만 사람의 배움에는 끝이 없고 나이는 숫자에 불과하다는 생각을 떨칠 수 없으며 뒤늦게 뛰어든 문학공부에 열중하는 모습을 볼 때 흐뭇하기만 합니다.

아무쪼록 앞으로도 더욱더 성숙한 모습 보여주시길 바라며 그동안 용인향교 명륜문학회《은행나무 숲길을 따라》발간에 힘써 주신 김태호 선생님, 이은경 회장님 그 외 참여하여 주신 회원 여러분의 노고에 깊은 감사를 드립니다.

축하드립니다.

초대시

달빛 씻기

김 태 호

달빛이 푸릅니다
푸름 넘치는 달빛
눈 시린 달빛
씻어 주어라

달빛이 어립니다
글썽이는 달빛
슬픈 자락을 걷어 주어라

달빛이 흐립니다
구름도 흐립니다
말간 얼굴 보이게
낯선 그림자 지워 주어라

별이 지던 밤은
달빛도 흐리더니
별이 밝은 밤은
달빛 또한 빛납니다

비 개인 오늘밤
달빛 다시 살아날까
그윽한 물빛
다시 돌아올까

먼 하늘 기러기떼 날아간다
시린 빛 가늠하며
눈 밝히는 강물 위를

차례

강순원

공영란

김수자

차례

박창근

서순자

신상희

신창숙

차례

이상숙

이신영

이은경

이찬주

차례

이채순

전영자

정조원

이상덕

강순원

구성동 느티나무/ 연꽃/ 아버지의 억새풀
실컷 울어라/ 시든 꽃송이/ 벽창호/ 새소리 들으며

내 곁을 떠나는구나
잡아도 그림자 같은 것
가는 길 그 위 노랫말 남기고
뒤돌아보지 않고 떠나는구나

구성동 느티나무

속 뚫려 나이테 잃고
수많은 가지 너울 쓰다
풍상의 역사 힘 버티고
철 따라 드리우는 그늘
흘러간 추억 더한다

어느 선구자
짚신 갈아신고 쉬었으며
어느 시인
흙에 글 쓰고 읊었으며
철없는 새
짖어대고 날아갔나

흘러가는 것은
가지 사이 부딪는 바람소리
흐르는 물소리에 덧붙이는 연륜
커다랗게 비워진 속마음
양회로 덮어 버린 침묵 속에
오늘도 넉넉한 모습 서 있다

연꽃

뿌리에 나이테 감고
넓은 잎 반석으로 뜨다
흐르는 세월 물이 모인 연못
꽃으로 피다
때 묻지 않은 마음결
개구리 물 퉁겨도 구른다
잔잔한 물 위 비치는 모습
목탁소리로 물에 번지다

아버지의 억새풀

끌려가신 아버지
미아리 고개 넘었을까
한탄강 건넜을까
지나간 세월
기다림의 무덤 들추게 된다

묵혀둘 유언도
퇴색한 사진도 없다

머문 세월 하늘에 새기면
말소리 모습 그려질까
마른 갈잎 스친다

누가 아버지와 함께 했을까
손으로 흙을 파서 묻고
나무 꺾어 비목 꽂아
가족 대신 울어 주었을까
기다림 속 그려 보는 꿈
바람결에도 혼 묻지 못한 채
하늘에 뜬 긴 기다림

억새풀 맴돈다

아버지의 억새풀
허연 머리칼 날린다
옛 모습 그리며 북녘으로 날고 있다

실컷 울어라

가슴 헤치고
실컷 울어라
대신 울어 줄 사람 없다
너 혼자뿐이다

짐승이 울어도
소리뿐
눈물 없다

꽃은 함께 울어 주는가
꽃잎 눈물 젖어 방울지다

하늘 보고 울어라
믿음이 흐트러져
우는 게 아닌가

꽃송이 가슴에 대고
실컷 울어라
네가 너를 가누지 못하더라도

시든 꽃송이

무덤 옆 꽃다발 있다
줄맞춰 놓은 묘비 하나
누군가 왔다 갔다
햇빛에 침묵 풀리며
현충일 맞다

이름은 비에 새겼고
육신은 흙에 묻힌
편편한 무덤
절규가 가라앉은 잔디 위
꽃송이 놓여 있다

잊어 버린 곳
잃어 버린 곳
누가 왔다 갔을까
가족들 흐느끼며
왔다 간 이 상상하다

무덤 옆 시들은 꽃송이
잊음을 잊지 못한 채
꽃송이 눈물지어 놓여 있네

벽창호

거울 보며
나는 누구인가 묻는다
벽창호

돌아서서 벽에 말한다
나는 누구인가
벽창호

혼자 묻고
혼자 답하고
얼굴 찌푸린다

거울에 되비친다
뒤편 볼 수 없다
눈 감고 얼굴 돌리다
몸 뒤트는 벽창호

거울 깬다
수 십 개의 얼굴 되비침
수 십 개의 웃음
벽창호야 부른다

새소리 들으며

아들아
내가 너를 낳고
너를 키운 땅에
너를 뿌린다

젊은 유해 맑은 하늘 뿌리니
나이 많은 어버이 두고
대의를 위한 죽음
불효의 슬픔 남기다

새소리 들으며 밭에 나선다
올해도 네가 좋아하던 수수 심고
그 옆에 꽃을 심으리니
너의 넋 흠뻑 깔리겠구나

아들아
젊은 아들아
새소리 들으며
밭에 나선다

공영란

언니/ 바윗골/ 하루
오월이여/ 그리움/ 평행선

내 삶이 바빠
한동안 모른 척 외면했다
늘 책을 통해 무언가
얻고 싶은 그리움을
이 따뜻한 향교,
꿈과 정을 듬뿍 담아
행복한 꿈을 꾸어 본다

언니

겨우내 움츠렸던 추위
따사로운 봄햇살
방긋 미소지며 새봄 알리네

말 한 마디에 주눅 들고
따뜻한 위로 그리울 때
포근한 엄마의 품인 양
안기고 싶던 울 언니

혼란스런 심정을
사랑스런 눈빛으로
마음 달래주던 사람

잔잔한 가슴에
삶이 녹녹지 않은 현실
순한 양 아니기에

늘 도전과 실망
양손에 쥐고 있다는 걸
보여주고 싶다

바윗골

웅장한 바위와 이끼로
칭칭 둘러친 바윗골 언저리
토끼가 비를 피하고
뒹굴던 휴식처 끝자락에
이름 모를 꽃 한 송이 피었구나

다람쥐 도토리 주워 들며
쉬어가던 바위틈
오랜 세월
아랫마을 감싸안으며
산기운 뻗어 희망을 준 바윗골

내 어린 시절
가리나무 땔감하러 엄마 따라
찾아갔던 그 바위
새초롬한 초록빛
아스라한 기억 저편에
엄마의 든든한 꼬마가 있었네

하루

따사로운 햇살 아래
꽃바람 속삭인다

하얀 벚꽃이
은빛 가슴으로 내려앉는
사월의 마지막을 기억하리

향기로운 산책길 나서며
꽃그늘 아래
행복한 담소 나눈다

아이 좋아라
꽃잎이 손등에도 내려앉는
눈부신 하루였다

오월이여

초록이 우거진 그늘 아래
솔바람 흔들리는 나뭇잎
오월 햇살이 정겹다

화려했던 영산홍 철쭉꽃도
하나둘 시들어가고
상큼한 나뭇잎으로
가득 채운 오월이여

눈부시도록 화사한 봄
폼 내던 아름다움
푸른 옷으로 갈아입고
솔솔 속삭인다

똘망한 고사리손도
시원한 반티로
깡충깡충 오월을 즐기는구나

그리움

– 보고 싶은 동서 연희에게

봄이 완연한데
두꺼운 외투 걸쳐야만
포근함 느낀다네

세월은 참 무심하지
어느덧 자네가 떠난 지도 8년
날이 갈수록 서로 의지하며
자매처럼 지내고 싶던 내 소망
자넨 알고 있었나
그리 허망히 가며 눈물짓던 자네
내 무엇으로 감싸줄까

아직도 날 부르며 달려오는 모습
성큼 와 꿈속에라도
한 번 보여주게나

살면서 자네 참 많이 보고 싶었다
함께 다니고 누리고 베풀고 싶었던
내 소중한 사람

반짝이는 저 하늘 끝자락에서
편안히 잠드소서

평행선

평화로운 삶을 위해
소리 없이 살았다
허나 이건 아니다싶어
도전장 내어 부딪쳐 보았다

격렬한 싸움도 잠시
진짜 평화로운 삶을
느낄 수 있더라

왜 진작 부딪쳐 보지 않고
머리숙여 고분고분했는지

져주는 게 이기는 거라고
평화를 위해 자존심 죽였다

싸움이란 역시
이기고 봐야 한다
마음의 평화가 행복한 가정 위해
팽팽한 평행선을 긋는다.

김수자

어머님의 샘/ 산수유 축제 한마당/ 한줌 흙입니다
하얀 눈꽃/ 천리포 수목원/ 포도주 마시며/ 하얀 소원

너무 바빠
하늘을 볼 수 없을 때
나만의 창문을 살그머니 열면
파란 하늘에 흰 구름이
꿈을 그리고 있네요

어머님의 샘

한여름 장대비 쏟아져도
목이 마르고
달디달던 샘물
어디서 찾아볼까
덕지덕지 때 묻은 옷자락
갈피 뒤져 찾아보는 이 새벽
뚝 어디선가 맑은 물
떨어지는 소리
아—
내 맘 깊은 골짜기엔
아직도 어머님의 숨소리가
방울지어 흐르고 있었네

산수유 축제 한마당

그 임이 오신다네
황금빛 수레 타고
하얀 터널 용케도 지나
환한 웃음으로
우리에게 온다네

산수유 꽃등을
대롱대롱 매달고
노란 개나리 작은 손짓
살랑 부는 봄바람
늑장 부리는 목련 깨운다네

신명난 사물놀이
울리는 징소리
산수유 막걸리 한 잔
웃음도 노랗게 피어난
축제 한마당

한줌 흙입니다

나를 빚은 이여
뜨거운 가마 속엔
내가 들어간 것이 아닙니다
어느 날 문득 파란 하늘이 고와서
바라보았을 뿐인데
당신께서는
흙을 파 체에 치고 반죽해
수백 번 밟고 두들겨
물레 돌리는 형벌을 주십니까
그도 모자라 끌로 파고
그늘에 말리더니
천삼백 도 가마 속에 넣어 불태우십니까
당신께서는 누구시기에
나를 공들여 빚어 혼을 불어 넣으십니까
사람들은 당신의 솜씨를 귀하다 하지만
난 아무것도 할 수 없습니다
난 한줌 흙이었습니다
한줌 흙일 뿐입니다

하얀 눈꽃

한 계절을 사랑한
하얀 눈
송이송이 피워낸
뜨거운 사랑
못다 한 그리움으로

잔잔한 웃음
포근하게
내 마음밭에 새긴 이름

네가 녹아내리면
그리움의 흔적
지우지 못해
내 가슴밭에 머무는
한 곡조 노래로 남겠네

천리포 수목원

길게 늘어뜨린 진홍빛 꽃잎이
봄바람에 나풀거리네
키 큰 나무엔 별같이
하얀 꽃이 소복하게 내려앉았다

연보라 분홍에 노란 꽃가지
듣도 보도 못한 온갖 목련꽃이
작은 동산에 벙그러지고 있다

충남 태안 천리포 수목원은
숨은 꽃들의 천국

꽃망울 솜털 보송보송한
갈색 껍질에 감싸인 채
빠끔히 원색 꽃빛을 내비치는 건
그지없는 사랑스러움이다

나비가 허물 벗듯
찬란한 꽃잎 펼치며
세상으로 나서는
벅찬 경이로움이다

포도주 마시며

긴 숨 뿜어 젖 물리는 대지에
뿌리 내리고
여리디 여린 연둣빛 이파리 태어나
손바닥 잎을 달더니
만삭의 보름달 둥실 떠
제 어미 쏙 빼닮은 동그란 얼굴
송알송알 태어나고
한여름 뙤약볕 맺힌 땀
삭히고 삭힌 불면의 밤
피만큼이나 붉은 포도주
목젖 넘어 뜨겁게 불타는
사랑의 노래
타오르는 춤사위
내 혈관 타고 흐르는
푸른 강물이여

하얀 소원

사르륵 사르륵 눈 내리는 소리
사무친 그리움도 가져오나요
은은한 성당 종소리도 따라오네요
두 손 모은 간절한 기도
하늘에 닿을까요

아픔은 지워 버리고
웃음만
근심걱정 하얗게 덮어 버리고
행복만
미움은 그리지 마시고
감사한 마음만을

세상 사람 모두에게
하얀 맘 고운 맘으로
촛불 하나 그려놓고
소원을 빌었으면

박창근

사과/ 우리는/ 너도 이름이 있다지
법화산 등산길/ 용인향교에서/ 아리랑/ 꽃은 안다

상상과 느낌이 풍부한
마음의 소유자가 되어
우주만물 더 넓고
깊게 바라봤으면
문학의 꽃과 더불어 그렇게

사과

사과꽃 피어나면
벌들 분주히 윙윙거리고
꽃진 자리 맺은 열매
아낙네 아이까지도 일손 보탠다

비바람에 열매 떨어질세라
해충이 있을까 이래저래 걱정
묵묵히 정성을 다하는 손길
앞만 보고 힘껏 쏟아내는 농심

어느 날 장인의 혼으로 태어난
아름다운 사과
과일가게 으뜸으로 빛나니
오가는 이 눈부셔 어찌 할고

우리는

옛날엔 우리나라
못 먹고 못 살아
도움 받기 일쑤

말라 비틀어질 수 없다
이 골목 저 골목
새벽종 울리며
잘 살기운동 시작했네

살이 붙고 윤기 올라
힘 북돋는 기술개발도 척척
남부럽잖은 살림살이 되었지

올림픽도 월드컵도…
모두 두각을 나타내는데
자랑스런 그 힘 또 어디를 향할까
아직도 남은 과제 많으니

너도 이름이 있다지

잠시 외출할 때도 데려가고
일하거나 잠잘 때도 곁에 둔다
곁에 없으면 허전하다
보석 같은 가치
누구나 너를 지니고 산다
오대양 육대주 안 가는 곳 없어
진정 생활의 꽃인 너
좋아지는 세상
사람들 할 말이 많은가 봐
운전할 때나 조용해야 할 장소에서도
얼떨결 놀라게 하고
한적한 길모퉁이 조각상 되어
손놀림 바삐 움직이게 하는
너도 이름이 있다지 휴대전화

법화산 등산길

내가 자주 오르는 법화산길
그 길로 나는 걷는다
빌딩, 자동차 거리를 뒤로하고

고요한 산길 오르면 사람과 자연뿐
저 많은 소나무와 숲
나를 아는지 모르는지

등성이 오르다 보면
헛된 생각 사라지고
새 활력 채워 주는 보약 같은 길

예정된 목적지 정상이다
말없는 대화가 있을 뿐
내려오면 몸도 마음도 가볍다

부담 없어 좋은 길
내일 또 모레 언제 올라도
싫지 않을 그 길

용인향교에서

법화산 서쪽 아늑한 산자락
소나무 숲에 앉은 학 몇 마리
맵시 단정하게 자리한 모습
용인향교 처마끝이 보이네

바쁜 현대인 곁에 보기 드문 정경
그 옛날 공자의 어진 도리 받들고
샘물인 양 마음 적셔 주는 배움의 자리
오고 가는 길손 눈길을 끄네

공자도 시를 공부하라 했지
없던 잉어 연못에서 헤엄치고
길가의 바랭이풀 책상 위에 놓이니
상상인지 현실인지 정겹기만 하다

지나가는 길손이여
정녕 땀 흘리며 열심히 밭을 가는
온고지신(溫故知新) 배움터를 보라
수양과 자기개발의 명소 예 있으니

아리랑

알아서 선곡하라는 건가
수도 없이 밀려오는 많은 노래
박수갈채를 받는가 하면
밤에 내렸다 이슬처럼
소문 없이 사라지는 것
어찌 다 헤아릴 수 있으랴
혼란스럽다
아무거나 자꾸 내밀지는 마라
여기 노래가 하나 있다
무슨 연유로 정과 한이 많은
그 님을 버리고
고개를 넘어가야 하는지
그러나 오랜 세월 가까이한 노래
한국인의 사무친 애창곡
세계가 주목하는 아리랑 아리랑

꽃은 안다

꽃은 아름답기에
왜 거기 있는지를 안다
벌 나비 떠나가면
어떡해
꽃은 아는데
왜 이런 망상을

서순자

한글/ 실버대학/ 개미와 베짱이
네 가지 웃음/ 방학/ 사계절의 혼돈/ 청풍명월

충청도를 방문하면서
청풍단지에 머무른다
호수 위에 어리는 달빛을 보며
허수아비의 웃음을 떠올린다…
한글을 귀히 여기는
칠천만의 웃음도
물 위에 떠올랐으면…

한글

귀한 줄 몰랐지 감사한 줄 몰랐지
늘 쓰고 있으니
갖가지 감정 표현할 수 있어
28자 한글 무궁무진 표현되네
이런 보배를 업신여겼지
꼬부랑말에 많은 돈 먹였네
꼬부랑말만 조금 해도
우러러보는 우리네
어리석음이 나라 망신시키네
값진 것을 가지고
헛된 꿈 제발 꾸지 말기를……
한글을 사랑합니다

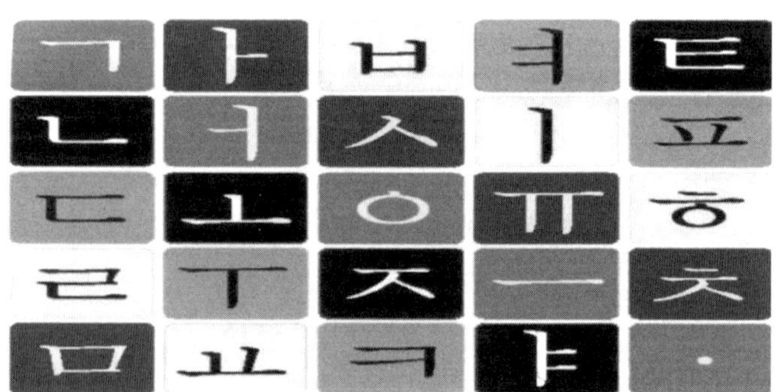

실버대학

육칠십 나이 들어
실버대학 입학하니
어린 시절 동심으로
　　　돌아간 듯하오
　　　배움에 나이 필요치 않으니
　　　마음이 젊어진 것 같구려
남녀 칠세 부동석이라지만
남자여자 모여서
공부하는 맛도 색다르네
　　　그 자리에 대통령 장관이
　　　무슨 소용이리오
　　　사람 사이 이웃과 이웃이
어우러진 분위긴 걸
저물어가는 인생길에서
새롭게 태어나는 마음이지
　　　여보소 젊은이들 아는가
　　　실버생들의 이 기분을

개미와 베짱이

영차 영차 개미가
땀 흘리며 짐 나르네
여름 내내 겨울양식 준비하여
눈 내리는 추운 겨울
굴 속에서 지내는데
어허라 염체 없이
베짱이 노크하네
문 열고 내다보니
게으른 베짱이
　　　　초라하게 서 있네
　　　　어서어서 들어오게
　　　　앉으라 재촉하네
　　　　얼싸안고 눈물지며
　　　　여름날 땀 흘리어 짐 나를 때
　　　　베짱이의 노래가 없었더라면
　　　　무더운 여름날을
　　　　배겨낼 수 있었겠나
　　　　고마우이 고맙네

네 가지 웃음

하하하 웃음 겸손하게 웃고
허허허 웃음 마음 비워 웃고
호호호 웃음 애교 있게 웃네
히히히 웃음 기뻐서 웃누나
웃음이란 기뻐서 웃기도 하지만
슬퍼도 웃을 때가 있지요
그러나 네 가지 웃음
우리의 삶에 희로애락 주지
자신의 모든 것 사랑하고
우리 모두 하하 자신 낮추고
허허 마음 비우며
호호 애교 부리지
희희낙락 웃음으로
행복 건강 누리세

방학

야 신난다 방학
좋기도 전에 꽉 자여진 계획들
아유 한숨 쉬어 보지만
별 수 없는 걸 여전히 학원으로
책상 앞에 동분서주해야만 하는
요즘 아이들
왜 그리 바삐 살아야 하는지
동심의 꿈도 그릴 새도 없이
들로 산으로 대신 밀폐된 공간에서
희망을 푸른 꿈을 활짝
펼 수나 있는지 현실의 답답함을
누구에게 물어볼 여유도 없이
그냥 그냥 시간 가 버리네
보는 것은 항상 칠판
똑같은 얼굴들
오가는 길 여전하네
튀고 싶어도 튈 수가 없다
보이지 않는 담이
나를 막고 있기에
아…… 공부여 가라 멀리멀리 말이다

사계절의 혼돈

옛날 옛날 그 시절엔
사계절이 뚜렷했었지
세상이 잘못 됐나
사람들이 실수했나
순리대로 살지 않아
내리는 업보인가
봄에는 아지랑이 피어나고
파란 싹 움트는데
그런 봄은 어디 가고
겨울 지나 여름일세
시원한 여름
왜 그리도 더운지
아프리카 못지않고
결실의 가을 또한
느낀 지가 오래네
봄 여름 가을 겨울
확 바뀌어 가고 있어
하늘이 노하셨나
옛날이 그리우이

청풍명월

고전에나 실렸던 고장
산세 수려 비단결 산허리
역시 그 이름 그럴듯하이
호탕한 선비의 놀이터인가
가난한 선비 글방이던가
그 이름 와 닿는구려
이곳에 마음 놓았지
나 선비인 것 착각일세
역사의 상징인 줄……
푸른 숲 소슬바람 밝은 달이라
한 수의 시 떠올리네
굽이굽이 휘감아 박달재
그 너머에 있구려

신상희

흐르는 시간에 기대어/ 여운/ 이별
주천강/ 한 서린 육십년/ 한 권의 책/ 고향 바람

유월의 녹음 사이로
활짝 핀 장미들
처음 본 듯 경이롭다.
비바람에 흔들리는 나무
세월 따라 이리저리 흔들리며
살아온 날의 편린들
부끄러운 마음으로 엮어 본다.

흐르는 시간에 기대어

흐르는 시간에 자신을 기대어 놓고
내 그림자를 모래 위에 그려 본다

초승달이 제법 山 그림자를 비추더니
이제는 아주 영롱스러운 그림자마저
감추어 버렸다

부엉이 소리가 이따금 山의 숙기를
한결 욱 덮어주는 기이한 밤이다

뚫어진 벽 구멍으로 새어 들어오는 별빛이
싸늘한 서릿발에 오들오들 떨면서
눈짓을 한다.

오늘 밤은 유난히 님 그리운 밤이다.

여운

명절이 되면
손주들 앞세우고 왔다가
바람처럼 휑하니 가 버리는 자식들.

오랫동안 비워둔 방에
희미한 온기로 흔적을 남긴다

집안에 곱게 쌓인
세월의 먼지 닦으며
먼 곳에서 엄마의 안부를 묻는
막내딸 목소리를 생각한다.

끝없는 그리움에 목이 메이고
까닭 없이 서럽고
짙은 외로움으로 허우적거리는
자신이 미워질 때

봄 아지랑이
먼 창밖을 본다.

이별

예견된 떠남인데
이리도 아쉬울까?

목화구름 한 조각
어디론가 바쁘게 흘러가고

군락으로 들어선 억새풀
가을을 만끽해 볼 새도 없이
이별을 준비해야 하다니……

오색 고운 빛 마음에 담아
내년을 기약하고

깊어갈수록 빛바랜 낙엽
우수수 바람에 뒹구는 것이
서글픈 황혼의 人生과도 같아
애잔함에
눈 앞이 흐려 온다.

주천강

돌돌돌 흐르는 맑디맑은 물
몸과 영혼까지 헹구어 담고 싶구나

해는 서산에 걸터앉고
물안개 자욱한 강둑 앉아 시 한 수 읊어 보랴

쉼 없이 흐르는 강물아
너 어찌 그리도 바쁘드냐?
고향은 어디며 머무는 곳은 어디인가?
조금은 쉬었다 한 바퀴 돌아라도 가려므나

인생도 너와 같아 숨차게 달리고 있으니
내 오늘은 네 앞에서 산이라도 띄워 보리

恨 서린 육십년

십칠 세 어린 나이에
형의 뒤를 따라 나선 전쟁터
긴 세월 맨땅에 누워
잠들지 못하고
돌보는 이 없는 적막공산에
홀로 누웠던 이여

이제 그대를 깨워
그 이름 부르노라

스쳐가는 바람
흘러가는 구름도 모르는 채
숱한 세월 지나간 지금
이제사 부모 형제 품속으로…

산기슭 떠나
편안한 현충원 뜰 형님 옆자리에
깊은 잠 이룰 수 있게 되었네

서럽던 그 세월 용서로

훌훌 털고 편히 잠드소서
그대 묘비 앞에 유월의 장미꽃
한 다발 바치리이다.

한 권의 책

많은 세월 흘렀기에
조금은 퇴색되었던 그리움이
불씨처럼 되살아 휘청거리는 마음
자서전 쓰시겠다고 준비하다 가셨기에
애잔함이 더한 것인가요
제 마음 속엔 글을 쓰고 있을 당신께
오월의 향기 한 다발 드리고 싶네요
우리집 베란다에 보라색과 흰색의 천리향 꽃이
거실까지 향기를 채워주고 있어요
그윽한 꽃내가 우울한 마음 환하게 해 주네요
당신이 사다 놓은 꽃분이기에…
눈뜨면 베란다에서 물주며 이야기하던 꽃
어느새 어둠이 내려앉습니다
김문식 동기가 자서전을 보내왔어요.
어머님과 두 누이를 이북에 두고 아버지 따라
이삼일 피했다 오겠노란 인사가 육십년이 흘렀다는
사연, 고향 그리움은 끝나지 않았는데 자신은 황혼길을
걷고 있다는 통한의 아픔이 묻어 있네요.
월남전에서 당신과 근무했다는 글을 보며
기도로 밤을 밝힌 지난날의 추억들이 주마등처럼 스쳐

눈시울을 적십니다.
부질없는 내 넋두리가 허공을 맴돌다 당신께로…
부디 편안하시길 기도드려요.

고향 바람

신선한 고향 바람 청량했다
부모 없는 고향은 속 빈 천년의 고목이다.

개발 열풍으로
낯익은 산과 들 간데 없고
가봐야 할 곳 가지 못하고
시간에 쫓기어 돌아오는 길

달리는 차창 기대어 눈감고
옛 추억 더듬어 본다
아쉬움과 그리움…

향수에 들뜬 맘
고향의 동동주로
몽롱한 기분 풀어 본다.

신창숙

삶 속에서/ 그리움/ 방황/ 삐삐
가을이어요/ 산행/ 너를 생각하며

힘들게 집을 수리하면서도
머릿속엔 늘 향교 문학반의
정겨운 모습들이 떠나지 않는다.
나도 남들처럼 잘 쓸 수 있을까……
긴 여정에서 집을
그리는 마음으로

삶 속에서

잡히지도 보이지도 않는 막막함으로
살포시 내비치는 희열의 순간에도
나는 멍해짐을 느낀다

그 누구도 가르쳐 주지 않고
메워 볼 수도 없는 나만의 숙제
연출도 주연도 오로지 나의 몫이다

즐겁게도 슬프게도 그렇게
살아온 세월이기에
묻어 오는 기쁨 또한 남은 것인가

숙제는 숙제로 남겨둔 채
애쓰지도 말며 안간힘도 않으리라
창 밖으로 희미한 미소를 던져 본다

그리움

가슴을 저미는 아픔도
다가오는 그림자에
말없이 고즈넉해진다

묻어 오는 그 무엇이
슬픔을 만지게 하는가
아쉬움을 남긴 채……

나는 오늘도 절절한 마음
하염없는 생각에
덧없는 점을 찍는다

방황

오늘도
고뇌하는 아픔 외엔
대답이 없다

자꾸만 빚어내는 또 다른 상처
자라고 할퀴고 있음을
눈치챈 것일까

보이지 않는 파장 속으로
몰고 있는 나의 어리석음
심연으로 빠져드는 무지

끝없는 되뇌임으로
치닫는 마음, 아직도
마침표를 찍지 못하고 있다

삐삐

예쁘다 못해 사랑스런 내 아기
너는 어찌 나와 인연을 맺었나
너무나 감사함에 마음은 부자

바라만 봐도 행복을 전해 주는 너
우울할 땐 위로를, 기쁠 땐 사랑을
비교할 수도 바꿀 수도 없는 소중한 분신

너 또한 내 곁에서
오랜 날 마주보며 있어 주길
오늘도 엄마는 기도한단다

삐삐 사랑스런
내 강아지야

가을이어요

머리칼 흩날리며
마음 흔드는 계절
어디론가 떠나고 싶다
옷깃 여며 걷고 싶은 가을이어요

그리움 같은 것
꿈꾸는 내 마음
어디론가 빈 곳 찾아 줄달음치는
설레임 가득한 가을이어요

산행

아, 얼마나 아름다운가
눈 앞 펼쳐지는 가슴 트이는 시야
환호와 경이로움에 힘 솟는 오름
내딛는 발걸음, 걸음마다 즐겁구나

위를 향한 발걸음 힘든 무게에
보이지 않는 정상 향해 땀을 흘리네
숨차 오를수록 기쁨은 더해
배낭끈 고쳐 매며 걷고 또 걷네

너를 생각하며

미안하고 죄스럼이 앞서는구나
함께 나누지 못한 시간
짧게만 느껴지는 사무친 정
넌 지금도 우리를 채찍질하는구나

짧게 굵게 살았다 말하고 싶겠지
이리도 아쉬운 맘 애틋함 속에
많은 말을 남기고 간 너

가슴 치는 기도만이 위로가 될까
불러도 말 없는 너를 생각한다
편안히 잠든 모습 보여나 주렴

이상숙

억새풀/ 잡초
세월/ 너와 나

여고시절부터 시를 좋아해
외워 보기도 했지만
시 쓰기는 어려웠어요
세월이 흐르면서 새삼 쓰려고 하니
도무지 길이 묘연하기만 해요.
마음을 다잡아
배워 보려고 합니다.

억새풀

억새 향기
하얗게 수염 달고
가을바람 날린다

가냘프지만
빳빳한 줄기 흔들어
멀리멀리 씨앗 날린다

일생 젊음을 모른 채
첫눈이 와도 눈물짓지 않고
돌아서서 바람에 순응한다
가벼운 삶이라서가 아니다
가벼우니까 멀리 날아
땅에 묻히는 게지

억세게 자란 풀
사람 앞에 등을 보일 때
바람이 하얗게 몰고 간다

잡초

가지밭에 풀이 자란다
보라꽃 옆
몸 비집고 살면서

뿌리 내려 흔들리지 않게
꼭꼭 눈물 다지며
커가는 바랭이풀

누가 뭐래도
푸른 잎 떨치고
살아가는 너

강인한 그 모습 외면한 채
이 아침 너를 뽑아내며
떨고 있는 나의 손

세월

비바람 가지에 걸쳐
나무는 나이테를 더합니다

잎을 날리고
열매 떨구면
짐승들 씨를 옮겨
그늘로 사라집니다

씨앗이 흙에 묻히면
구름은 비를 뿌려
싹을 보게 합니다

태어나고 죽는 것
모두가 조화 속으로
세월은 그렇게 강물처럼 흘러갑니다

너와 나

너와 나
사이
사이끼리 산다

내가 갈라놓을라치면
너는 손 내밀고
네가 밀어붙이면
내가 손 잡는다

너와 나
사랑한다며 그렇게
체온 나누며
사이를 좁혀 함께 산다

이신영

욕심/ 국화빵/ 안자열전/ 보릿고개
민영환 선생 유택/ 기도/ 꼬작지 집

비켜 설 곳도 물러날 곳도
없는 막다른 골목
시가 구원의 탈출구가 될 줄이야……
마음을 닦는 노력까지 길 위에서 버틴다면
소동파나 이백의 달구경도
할 수 있을런지……

욕심

끝이 없다
하늘을 백 평씩 나눠 준대도
거절하지 않을 것이다

부처님도
집착을 버리라 했던가
그게 욕심이 되고 고통이 되니까

버리고 또 버려도
몸에 낀 때처럼
남는 게 욕심이다

비워도 비워지지 않으면
나 가수들처럼, 피멍 맺히게
목이 터지도록 노래하자

엄마 젖 빨던 힘까지 모아
속에 있는 매스꺼운 것 다 토해 버리자
그래도 욕심은 남을까?

국화빵

용인향교 문학반
사선당이 사온 꽃빵

향수 듬뿍
군침 어린 국화빵

청파동 근처
리어카 끌고 골목길 빵 굽던 아저씨

지금도 살아있을까?
맘씨 좋던 아저씨

멀찍이서, 정말 국화를 넣는지
물끄러미 바라보면

슬쩍 한 개 손에 쥐어주시던
누렇게 빛바랜 군인모자 아저씨

홀연
그 아저씨가 보고 싶다

안자열전(晏子列傳)

2500년 전 춘추시대
춘추5패국중 제(齊)나라 재상 안영(晏嬰)
왕도 두려워한 무신 3명을 복숭아 2개로 없애고
제나라를 강국으로 키워 명성이 자자했으니
제갈량과 이백의 헌시가 그를 더욱 유명케 했다

남방의 초(楚)나라에 특사로 파견되자
초나라 영왕(靈王), 그를 농락할 계책으로
특사인 안영을 쪽문으로 들게 하자 호탕히 웃으며,
이 문은 개(犬)나 다니는 문이지 사람 다니는 문이 아니잖소?
사람나라에 사신으로 온 자는 정문으로 들고
개나라에 사신으로 온 자는 쪽문으로 들어야 하거늘
내가 사람나라에 왔는지 개나라에 왔는지 모르겠소
초나라 관리들, 혼비백산 정문으로 모셨다

화난 초나라 영왕, 못생기고 왜소한 안영을 보자
귀국엔 당신같이 왜소한 자를 사신으로 보내니 어찌된 일이요?
제나라는 현명한 나라엔 현명한 자를 파견하고
큰나라엔 큰자를 파견하며 작은 나라엔 왜소한 자를 파견하오
인재는 많으나 귀국엔 나같이 왜소한 자가 올 수밖에 없었다오

초왕 대경실색, 안영을 다시 보매 크게 잔치 열어 환대하고 사죄터라

사마천은 같은 시대에 살았다면 그의 말고삐만 잡아도 영광이라 했다
세월이 흘러도 안영의 의연함과 지혜는 청사에 길이 빛나니
후세 사가들이 그를 안자(晏子)로 추존하고 열전에 모시더라

보릿고개

고개중에 제일 높다던 보릿고개
여름날 대관령 넘기보다 힘들던 고개

누구나 다 배가 고팠다
고구마, 감자, 보리마저도 다 떨어지고
수박, 참외 나오려면 아직 멀었다

어릴 적 봄날에 배 고프면
학교갔다 집에 오는 길에 쑥부쟁이, 망개, 찔레 엉킨 숲속에
연둣빛으로 쏘옥 머리 내민 연한 찔레순 꺾어 먹고

할아버지 산소에 할미꽃 필 무렵
도라지, 더덕, 잔대뿌리 뽑아 먹었다

집에 와선
동생들 데리고
곡괭이 메고 산에 올라 칡뿌리 캐먹으며
고향의 봄 함께 불렀지

달래, 냉이, 곰취도 한 아름 캐어

어머니께 갖다 드리면
함박웃음 웃으시고 물 길러 나가셨지

배고픔을 웃는 얼굴로
이겨내는 우리들이 대견해서
엄마는 부엌에서 몰래 눈물 훔치셨다

민영환 선생 유택

봄비 촉촉이 내려
건너 숲속 물안개 자욱 펴 오른다

받쳐든 우산 속 봄비 흩뿌려
목덜미 한기 서리는 아침

순국지사의 묘 방치되어 민망한데
산새들 슬피 울어 선생의 넋 진혼하고

공의 우국 단심 담아
유택 앞 단풍나무 핏빛으로 서 있네

님 가신 지 106년,
순국의 피 묻은 옷 감춘 마루 밑

여덟 달 후 발견된 혈죽(血竹)
두 자 키에 이파리 마흔다섯, 공의 나이와 같았으니

이게 어찌 사람의 일인가
하느님의 보살핌으로 광복하게 되었으니

살려는 자 죽고 죽으려는 자 산다는 공의 유언 지켜
우리 모두 소중하게 이 나라 보듬으세

기도(祈禱)

내 사랑하는 외손주
주형욱 마티아가
신종플루에 걸렸다
바로 엊그제 이광기 아들
목숨을 앗아간 그 무서운 신종플루
차병원에도 서울대병원에도 입원실이 없었다

모든 게 하늘의 뜻
그래! 어머니께 빌자
성모이신 마리아를 통해 하느님께 빌어 보자
온 가족이, 아홉 살 난 형준이도
밥 거르고 밤새워 가며 목이 아프게 빌었다
어려서부터 잘못한 죄도 모두 빌었다
제 목숨을 대신 거둬 달라고 빌었다
두 번째 날 살리시려면 동백 호숫가 장송(長松)에
새벽 기도 때 까치(鵲)를 보여 주소서
그럼 살리시는 징표로 믿겠나이다

3일째 새벽 여섯시
바로 그 소나무 위로

하얀 목도리 두른
까치 다섯 마리가 날아오고 있었다
망치에 맞았다
왈칵 눈물이 솟았다
감사합니다. 찬미합니다
목메어 차마 부르지 못한 어머니!

꼬작지 집

황산 아래로는 첫집, 동네에선 맨 위엣집,
도둑들까 무섭고 동네와 떨어져 스산한 집
내 어릴 적, 수박밭 김매고 온 원기네
꽁보리밥 저녁상 물리고
내 친구 원기는 동생들과 일찍 잠들었다

원기 엄마 혼자 외양간 옆 변소에 들었다
문이래야 가마니짝 한쪽을 잘라 설주에 걸친 것
밖은 어둑했다
누군가 싸립 안으로 들어왔다

대충 추스른 아줌마 소 여물 섞어주는
애 팔뚝굵기의 나무때기 들고
마루에 서 있는 도둑놈을 보고
"야! 이 쌍노모 새끼! 너 뒈지고 싶어 환장했냐?
야 임마 여기가 어디라구, 너 이총 맞구 싶어
야! 이새끼야 쏜다! 쏜다! 손들엇!"
그 소리가 얼마나 컸던지
오십 미터도 더 떨어진 아랫집 돈만네 부부,
늦저녁 먹다가 숟가락을 놓쳤다나 어쨌다나!

하여튼 도둑놈 느닷없이 마루에 엎디어
"잘못했슈! 제발 살려 주슈"
아줌마 용기 백배, 번쩍 뛰어올라 그놈 등짝을 후려갈기니
도둑놈 마루 아래로 뚝 떨어지며
뒈지는 시늉타가 느닷없이 줄행랑을 쳤단다
호얏불 켜 보니 그놈 깜장 고무신도 버렸다
돈만이댁 왈,
"참 대단하슈, 나 애 떨어지는 줄 알았슈"

이튿날 읍내에 소문이 쫙 퍼졌다
아줌만 포도대장이라 소문났고
덕분에 우리 동넨 도둑 걱정 안 했다

이은경

비가 내린다/ 낯선 길에 서다/ 새벽꿈/ 정남진에서
봄 찾다/ 쉬멍 걸으멍/ 아름다운 시작/ 마량포구 24시

마음 울적한 날 텅빈 버스를 타고
손짓하는 잎새들 사이 물들인 꽃잎을 지나
낯선 도시에 한눈 팔다가
광장 한구석 맴도는 휴지처럼
모두 잊고 그렇게 길 떠나고플 때
바람결에 한 줄 시 띄워 본다

비가 내린다

날 저물고 바람 일자
비가 내린다
바람 부는 저쪽 어두운 거리
탄식 묻어나는 빗줄기 소리
조롱하듯 그렇게 비가 내린다
피우지 못한 담장의 능소화
바닥에 뒹굴다 문드러지고
지친 숨결 귀를 적시면
밭이랑 주저앉는 긴 한숨
눈물 줄기 하나 굽이치고 있다
휘저어 내리는 빗줄기에
아득히 피어오른 해 돋는 꿈
담장 너머 비죽이
개 한 마리 쳐다본다

낯선 길에 서다

홀로 걷는 길
내 짐을 덜어줄 이도
내 말 들어줄 이도 없는
두렵고 외로운 그림자
밀려드는 공허마저
오롯이 감당해야 할 침묵 속에
혼자만의 에너지로 뚜벅뚜벅 걷는다
무심히 흘러가는 구름
어깨 감싸는 햇살 한 줌
창밖 스치는 풍경 보며
한 뼘 생각에 묵묵히 걸어도 좋은
짜릿한 기쁨
나 아닌 또 다른 내가 되는 자유
시간을 돌려서라도 다시
찾고픈 길 앞에서
오래된 나와 마주한다

새벽꿈

— 서울대병실에서 어깨 수술 후

견디기 힘든 아픔
자정 지나 커튼 젖히면
스러져가는 하나의 별
안으로 오열하는 몸져 누운 꿈들
시계 바늘 셋만 또렷이 눈 뜬다
언젠가는 두고 떠나야 할 오늘
오랜 잠의 뒤켠에서
온전한 수족으로도 이제껏
겉과 속 분간치 못했거늘
서러운 육체의 한쪽
어스름 새벽 부축받고 일어나
살아갈 시간의 처방전 앞에
손가락 힘주어 꿈에서 깬다

정남진에서

오늘 따라 바람 없이 고요한 바다
불빛 스러져가는
아궁이 쑥 냄새 같은 저녁
어둑하게 서 있는 나는
굴딱지처럼 엉겨붙는 그리움으로
젖어드는 밤을 본다
벚꽃 난폭하게 색칠하다 만
작은 초등학교 운동장에
부슬부슬 봄비 내리고
화분 속 발목 잡힌 화초들이 떨고 있다
꽃들도 어린 시절을 그리워할까
내 가슴 흔들어 보니
떡잎 하나 이마 내민다

봄 찾다

봄을 찾는 길엔 정처가 없다
웅크리고 나오지 못한 마음
머리카락 날리듯 내맡긴다
바람 부는 대로
햇볕 비치는 대로
땅 밑에서 나온 쑥
물오른 버들개지
황사조차도 모두 봄빛이다
흙이 비켜준 자리
시나브로 싹튼 알몸의 아름다움
눈길 주다 마음까지 빼앗긴다
바다 향해 봉오리 열어젖힌 동백
동박새*가 동백꽃을 쫀다
고마운 일인 게다
봄동밭 할매 굽은 등에
푸른 싹이 돋는다
남도 아낙의 구부러진 허리에도
봄은 이미 와 있었다

*동박새 : 몸길이 10㎝ 남짓한 텃새. 남녘에서만 살며 벌과 나비가 나오기 전 동백꽃 꿀을 쪼며 꽃가루를 날라준다. 몸통 윗면은 녹색, 턱 밑은 노란색, 참새와 비슷하나 화려하다.

쉬멍 걸으멍

길 위에서
스치는 바람에게 듣는다
"항상 기뻐하고 범사에 감사하라"는
그분 음성

들꽃에게 배운다
비우고 채우는 일
겸손과 감사의 나부낌을

엽서 집어 들고
시린 손 불며 몇 자 적는다
떠오르는 얼굴들
그저 고맙고 건강하라고
내 글 받아들고 미소 지을
당신 때문에 행복하다고……

늦가을 기우는 붉은 해 바라보며
쉬멍 걸으멍
나를 찾아 또 걷는다

아름다운 시작

— 정년퇴임식에서

당신은 60여 년 전
충절의 고장 아름다운 남원땅에
황태현, 최순애 님의 둘째 아들로 태어나셨습니다.
육남매 중 둘째로 이름처럼 순하게 잘 자란 황순창 당신은
늘 부모님의 기쁨이셨습니다.
30세에 춘향 같은 아내 이충선 님을 맞아
광연, 지영 두 남매 두시고 다복한 가정 꾸리셨습니다.
35년을 국가 공무원으로 고향땅 남원에서
성실 근면으로 근무하다 오늘을 맞았습니다.
먼저, 건강하게 영예로이 정년을 맞으심
축하와 감사드립니다.
어쩌면 더 이루지 못한 아쉬움도
마음 한 켠에 남았을지 모릅니다.
존경하는 아주버님!
하나님도 당신을 사랑하시어 오늘 이렇게
하얀 함박눈으로 축복하고 계신지도 모릅니다.
사람들은 인생은 60부터라고,
아니 인생은 70부터라고 하지요.
하나의 끝은 또 다른 하나의 시작이지요.
당신의 시작은 지금부터입니다.

당신의 새로운 시작은
주님께서 형통하게 인도하시리라 믿습니다.
사랑하는 가족과 함께 하얀 대지 위
당신만의 그림 그리시고 아름답게 색칠해 가십시오.
우리 모두 당신 뒤에서 힘차게 응원할 것입니다.
사랑합니다. 아주버님.

2010년 12월 30일

마량포구 24시

한 움큼씩의 어둠을 싣고
작은 고깃배가 들어 온다
잠시 포구는 부산해지고
가로등은 놀라 허둥지둥 불 밝힌다
땅거미마저 스러지면
갯마을 감싸던 밤은 일어나
새벽녘 어부들과 바다로 나간다
남아 있던 피곤의 부스러기는
싱그러운 해풍에 실어 보낸다
언덕배기 마을에
한 집 두 집 불이 켜지고
잠든 개펄 위로
은빛 희망이 밀려 온다

이찬주

바보/ 구름고개/ 산수유/ 새아기 시집오던 날
태중 손녀 조이에게/ 엄마/ 아버지

생명 하나 사물 하나가
새로워지는 나이 오십,
말 배우는 어린아이마냥 어눌한 글솜씨
내 이름 석자가 실린 문집을 내게 되다니
아름다운 문우들과
오래도록 벗이 되기를……

바보

— 오월 부부의 날에

빙긋 웃음짓고
거울같이 웃는다
하냥 좋아 좋아서……

소리 없이
무릎 위 맞잡은 손
세월이 얹혀
애중(愛重)*이 녹아든다

모란이 아니라도
꽃이 좋듯이
눈도 비도 함께한
당신이 좋아
봄볕이면 호사지
무얼 더 바래

*애중(愛重) : 사랑하여 소중히 함

구름고개

– 할머니 영전에

하늘 궁전 길인가
저리도 높아
하얀 구름 면사포
살포시 쓰고
사각사각 고무신소리
길을 내신다

조바위 곱게 쓴 구순할머니
노랑치마 색동저고리
세 살 증손녀
지팡이 끝 잡고서
고개를 넘네

너미를 지나면
둥구나무길
멀리 뵈던 할머니
함지에 손 담가
곤 단추 물김치
한 상 차리시겠지

산수유

가지 끝에 노오란
봄 햇살 매달고
제 몸 터뜨려 꽃이 되는데

부엌마당 누렁이는
실눈으로 봄을 흘기고

본체만체 눈 흘깃
귀멍 큰 아재 쟁기만 닦고

긴 수염 고르던
팔순할배는 사랑채 문 활짝

마루 끝에 귓불 붉은
귀멍 작은 아재
바소쿠리에 너를 얹고
구름고개 오른다

햇살을 보라 꽃잎을 피우라
봄아 오너라 어서 오너라
산수유 네맘도 터치도록

새아기 시집오던 날

엄동설한
봄날같이 따스한
복 많은 집은 날도 좋다며
축하의 덕담이 오가던 날

새하얀 드레스엔
커다란 백장미가
십여 송이 피어 있고
인어같이 예쁜 자태
새침하게 걸어오네

밝은 웃음엔
곱다란 생각
또렷한 마음눈엔
따스한 배려심

오늘처럼 행복하게
오래토록 사랑하며
너의 반은 남편 되고
남편 반은 네가 되어
예쁜 가정 이루거라

태중 손녀 조이(joy)에게

엄마는 열달내 조이를 배안에 품고 있다.

입덧도 안 하고 건강하게
커나며 자랄수록
기쁨은 더하여
할아버지의 기도
두 할머니 기쁨
이모 삼촌의 기대 속에
친척들의 부러움을 샀으니

배냇저고리, 손발싸개, 턱받이, 딸랑이
할머니가 수놓은 야생화 이불까지
엄마, 아빠는 조이 맞을 준비로 연일 환호성이란다

날마다 태중 조이에게 입맞춤에,
노래에, 이야기 걸기
오똑한 코에 야무진 얼굴
얼마나 예쁠지 궁금하구나

부디 엄마 태안 궁전에서 튼튼히 자라

유순하게 태어나 웃음이 되고
총명하게 자라 기쁨이 되어 다오
모든 이에게 사랑받는 조이
베푸는 손 넓은 마음 착한 이가 되거라
사랑한다 조이, 온가족의 뽀뽀를

엄마

I

맥없이 사그러지는
햇살을 보며
"벌써 분꽃이 피었네
밥지어야지"
꽃씨처럼 까만 콩
섞어가지고

다알리아 가득한
피아노방 앞마당
엄마는 한 귀퉁이에
분꽃을 심었지
꽃씨 속에 하얀 분이
가득 있다나

II

백목련, 자목련
개나리, 진달래, 철쭉
모란, 작약, 수국
백일홍, 배롱꽃

글라디올러스, 백합
다알리아, 칸나

앞마당 뒷마당 울너머 가득한데
오늘도 엄마는 김 교수님 댁
꽃모종 얻으러 간다
웃음도 남모르게 웃는 엄마가…

아버지

내 마음의 둥구나무
떠돌다 돌아보아도 늘 한자리
포근해진 나무 껍데기
자꾸만 속이 넓어지는 둥지
그래도 봄이면 문실문실 피어나는 잎새
그늘이 되고 비바람 막아주고

언제나 아버지의 둥지에는
수많은 알들을
품어 날개를 달아주고
돌아보지 않고 멀리 가 버려도
또 품고 품어주시던
한없이 너그러우신 당신
성실과 진실로 살아가는
아버지의 둥지를
사랑합니다

이채순

내가 아닌 너,
너가 아닌 나,
나가 아닌 너가
나에게 왔다

난 행복하다

나에게 말 걸기

마음 속 파도가 치솟고
용광로가 들끓어
숨이 턱까지 차오를 때
잠깐만, 잠깐만 이게 뭐지
가만히 나에게 속삭여 본다

서로 다른 이해와 기억으로
다가오는 그 분들에게
아, 그랬구나, 그렇구나
또 다른 뭔가 있겠지
속으로 아름다운 인연을 선물한다

그러나
수십 번의 그렇군요가
모두 소용되지 않을 때
나에게 주문을 걸어 본다

속 붉고 겉 노란 자몽 안 되게
속겉 노래지게 걸어왔네
이제는 가비얍게 날아올라라

구성찬가

어디 사시나요
천당 아래 분당
분당 아래 죽전
죽전 옆 구성
용인 구성에 살아요
구성구성, 참 구성진 이름이네요

마흔 즈음 이곳에 들어와
오십을 바라보며
구성 타령을 부르네

탄천이 시작되는 법화산 자락
유서 깊은 용인향교 함박꽃
화가 장욱진의 교동마을 고택
한강을 넘어온 고구려 장수왕
말밥굽 같다 이름 붙인 구성(駒城)
오백살 느티나무들 서로 벗하네

친구여,
이 곳은 한 번 들어오면
나가고 싶지 않은 동네라네

엄마에게 가는 길

119 앰블런스에 실려가
척추전방전위증으로
엄마가 누워 계신단다

팔순을 앞둔
총명하고 강하신
절대 그럴 것 같지 않은 두 분

귀멀고 깜박깜박
치매, 혈압, 당뇨약 달고 사시는 아버진 허둥지둥
상황 판단도 전달도 모두 자식 손에 맡긴다

버스 창밖 유월 초록은 짙고
달랑 세 명 태운 기사아저씨는
신나게 고속도로를 질주한다

엄마, 나 열시 차 타고 가
두 시에 도착할 거야
뭐 하러 오노, 자고 간다고, 빨리 와라

자식 낳아 길러 보니
일년에 한두 번 보는 새끼
눈에 진물날 텐데
난 참 담담하지
엄만 어떻게 견디나

천리길 진주
이제 꼼짝없이 누운
엄마가 날 부른다

벗은 설움에서 반갑고
님은 사랑에서 좋다더니
엄만 따뜻해서 좋고도 서럽네

안개

창밖에 하얀 가루를 뿌렸나

설레이던 봄햇살도 서늘하던 눈동자도
소리 없이 가라앉고 있다

숨막히게 밀려오는 깊은 침묵
끝나기나 하려나

풀어놓은 기억을 다시 잠그고
접근 금지 나만의 영역에 비상등을 켠다

감은사지 삼층석탑

알고 있었어,
널 만나기 전에도
너의 명성을

남들 참 호들갑스럽다
난 비웃었지,
그래서 어쩌면 널 만나는
시간 늦추었는지 몰라

딱 마주친 바로 그 순간,
난 알았어
널 그리워 가슴 시린 날
많으리라는 걸

홀연히 솟아나
눈앞 능선 품에 안긴
단아하고 의젓한 너에게
혼을 뺏긴 이 순간부터

아, 나의 감은사지 석탑이여!

시 쓰기

'새들도 세상을 뜨는구나'
황지우 시집 왼쪽 황인숙
'새는 하늘을 자유롭게 풀어 놓고'

고통의 잔치는 이제 끝났다는
'기억의 집' 최승자
'서른, 잔치는 끝났다' 최영미
새초롬하게 서 있다

늦은 밤,
시를 공부할수록 초라해져
절망한다는 내게
눈 맑은 딸아이는 난 엄마 시가
더 좋다며 밝은 웃음짓는다

넌 글귀 밝은 황가 녀석 만나
황지우 새 날개 달
시인 손녀 낳아달라고 떼를 쓰다
이름 운(運)으로 시 쓰기를
핑계대는 못난 어미새,

사실, 황지우도 끼룩끼룩 황진이(黃眞伊)
왼쪽 날개에 날아온 새가 아니던가!

영미나 인숙이란 이름이 이렇게
부러운 적은 난생 처음이다

단단하게 압축된 삶

인생 오십
스무 살 붉은 점
쉰 살에도 푸른 점
부은 간덩이 내려놓고
허파 바람 빼고
오그라든 심장 쫙
지금 이 순간 한 점의 정
그냥 흐르게 하라
단단하게 압축된 삶

전영자

기차/ 동인지 감동/ 등 굽은 뒷모습
가위/ 오래 된 사진/ 연민/ 비

첫사랑 소녀처럼
가슴이 콩당콩당 뛴다
향교 문턱 밟으며 들락거린 지 칠 년
감회가 새롭다
은행나무 숲길 따라 걸어가는
우리 회원들 성숙한 삶으로
시 쓰는 모습이 자랑스럽다

기차

삶이 팍팍해 눈물로 얼룩질 때
기차를 탄다
몸 의자에 기대고 보니
차창 밖으로 빠르게 지나는 풍경을 본다
유년시절 어머니 품에 안겨
기차를 타고 외갓집에 간 기억들
주마등처럼 스쳐 간다

어머니 대신 옆에 앉은 부부
오래된 가구처럼
자리에 없으면 허전하다
후회해도 돌아갈 수 없는 길
기차는 터널을 지나
종착역 향해 달려가지만
삶도 정해진 역까지 가야 한다

옷자락 잡고 놓지 않는 것들
지나가는 차창 밖으로 하나씩 던져 버리고 나니
늦은 저녁이 따라오고 있었다

동인지 감동

흰 종이에 별도 그리고
꿈도 키우고
말과 웃음 섞어
아름다운 동인지 만든다

볼 비빌 잎 많아지고
휘청거릴 때 꽃들이 있어 좋았다
인생 별것인가
사는 게 재미 없다 생각할 때
훌훌 털어 버리고
수박향기 같은 웃음짓는다

마르지 않은 샘물
우리들 진실 녹아 있고
모퉁이 한 바퀴 돌아 열매 맺는다
짠하고 부딪치는 유리잔 소리
환한 웃음 녹아 있다

등 굽은 뒷모습

새벽은 아직 멀리 있는데
어둠 걷어내고
아버지는 집을 나선다
사는 일이 아프고
시린 날도 있지만
뒷모습은 말이 없다

저녁연기 피어 오르고
두레밥상에 앉으면
아랫목에 묻어둔
아버지의 밥그릇에서
새끼들 등에 업어낸
외로움이 묻어 있다

굵은 손가락마다 상처
내 살이 되고 뼈가 되고
발등이 부었어도
다 주고 가는
푸른 하늘이었다

가위

바보처럼 서로 닮아가고
손 잡으면
따뜻한 힘 솟아
그렇게 달려 왔나 보다

탄력 잃은 얼굴
마주보고 있노라면
쓸쓸해서
저 만큼 서 있는 느낌

흙먼지 풀풀 날리며
험한 고비 넘어온 삶
화사한 꽃길 아니라도
슬퍼하지 않으리

길 옆 나뭇가지에서
서성이던 두 마리 새
텅 빈 곳 바라보며
우산처럼 가슴 확 펴고 날아간다

오래 된 사진

김치가 더 많은 수제비
후후 불어서 먹다가
엎디어 자다 보면
아침인지 저녁인지
분간하기 어렵고
어머니 웃으시며 학교 가야지 한다

저 너머 맑고 푸른 하늘
당산나무 길 서성이다 보면
보석같이 박혀
방울방울 떠오르는 망각들

감꽃 떨어지면
들썩이던 엉덩이
오래 된 사진을 본다
떫은 땡감 먹다가
뱉어 버린 그리움
휘리릭 바람으로 지나가네

연민

비 오는 날
지짐이 집에 앉아
술잔 주거니 받거니
부산 갈매기 노래 부르며
따끈따끈한 정 나눈다

술잔 속 잡것들 둥둥 떠다니며
쓸쓸히 어깨동무하고
뒤틀거리며 따라오고 있다

지나온 삶이
미친년 머리 풀듯
술잔에 너풀너풀
닫힌 입 저절로 푸념이 는다

덧대인 상처 싸매기도 했건만
동동주 한잔에
질긴 인연으로 살고 싶다
때 늦은 연민
지는 노을이 붉다

비

심술궂은 비
후드득 떨어지면
강아지도 뛰고
호박잎 머리에 쓰고 뛴다

동네 아이들
우산 펴들고 골목 안
모여든다
무지개 우산들이
동동 떠다니며
아랫도리가 빵빵한 꼬마
물장구치기 바쁘다

잠깐 비친 햇살
엉덩이가 들썩거려
공원에 모여들고
잠자리 하늘 높이
날기 시작한다

아이들 몸에선
가을 냄새가 난다

정조원

가을/ 당신과 나/ 신세계
실타래 꿈/ 25시/ 친구여/ 옛 추억

가까이 있는 줄 알았는데
너무 멀리 있는 당신
늘 그립고 아쉽습니다.
미처 따를 수 없음을 알면서도
나는 당신을 해바라기합니다
그리고 아마 내 마음이 끝나는 날에
그리움의 손을 놓겠지요.
내 마음의 詩여!

가을

달빛 잔에
낙엽 한 잎
맑은 물 하늘 연못

눈 감으면
한 잔 술도 못하는 나는
취한 이태백

외기러기 꿈속을 헤맨다

당신과 나

당신과 나는
거울과 유리창

거울은 뒤를 볼 수 없어도
유리창은 뒤를 볼 수 있어
내가 당신이고 당신이 나인 줄 알았는데
당신이 나이고 나는 당신이 아닌 것을
이제껏 살아오면서 몰랐던 까닭은
내가 나를 몰랐던 탓

꽃잎 날리는 바람 때문에
거울은 빛을 잃고
어느새 하얘진 백발
내 유리창에 눈비가 흘러
당신과 내가 흘러
우리는 서로를 잃어갑니다

신세계

햇볕 가득한 창가
정물화처럼 앉아
드보르작(Dvořák)의 라르고(Largo)를 듣네

붉은 노을
끝없는 지평선
이제 막 한숨 돌리며
새롭고 넓은 벌판에
마음을 열어
환희의 꿈을 심어 보네

대지의 투박한 신비
이름 모를 새소리
어딘가 흐르는 맑은 물소리

새로운 땅
때로는 천둥이 일고
천지에 날리는 바람
선 채로 맞이할지라도

두 팔 높이 올려
하늘을 품고 대지와 함께
기도하리라
노래 부르리라

실타래 꿈

하루에도 열두 번
지난날 감아 온 실타래
되돌려
꼼꼼히 다시 감아보고 싶다

군데군데 이끼 낀 것
이리저리 구부러져 맺힌 것
겨우 가늘게 이어진 것
누리꾸리 빛바랜 것

제대로 이어진 것 빼고
나머지
살살 흔들어 헹구고
가을 햇볕에 널어
가지런히 줄 세워
씽씽한 실타래 만들고 싶다

베틀 올린 촘촘한 천
깨끗이 빨아
빳빳하게 풀 먹여 다듬이질하고

숯불다리미로 환하게 살려내
꼼꼼히 박음질한
눈부신 이불홑청 같은
하얀 꿈을 펼치고 싶다

25시

예약하지도 않은
25시가
내 종탑 위에 서 있네

철 모르던 어린 시절
봄
여름
가을
겨울
훌쩍훌쩍 뛰어 넘었고

아직도 나는
12시에서 숨바꼭질하고픈데

어느새
갈림길도 없는
휑한 길 위에 서서
목 디스크로
뒤도 옆도 볼 수가 없어

겨우 쳐다본
종탑 사이
흰 구름만 있는 하늘
거기에서
25시가 기다리고 있네

친구여

거기 있어 좋은 사람아
아니
어느 곳에 있어도 마냥
좋은 사람아

그냥저냥 스치는
새삼스레 그렇고 그런
사이가 아니라도

세월이 흘러
산천이 변해도
언제나
같은 얼굴 같은 말투

앞뒤 재지 않고
위아래 가르지 않아
마음 편한 사이

잊었나 하면 생각나고
문득 떠오르는

얼굴
목소리

아! 우리는 친구라네

옛 추억

날이 갈수록
생뚱맞은
생각

차곡차곡
쌓아놓은 기억들
젖히고 내미는
허전한 손

해님 달님
몇 번을 헤아리고도
아직 도사리고 있는
얼굴

버렸다 하고
잊었다 하며
도리질했는데

가슴 비집고 들어앉는
오랜 꿈자리
그리움의 조각들

이상덕

게발선인장/ 텃밭/ 애기똥풀 _ 시
텃밭 농사 첫 해 _ 수필

몸 속 불청객 모래알의 쓰라림에
제 살과 피 끊임없이 덧발라
영롱한 진주를 잉태하듯,
혼과 사랑 쏟아 주옥의 작품 한 편
빚어낼 수 있다면…

게발선인장

살을 에는 추위 뒤로 하고
설레이며 봄 기다리던 입춘 아침에
한 뿌리 얻어 와 베란다에 심은
게발선인장이 꽃을 활짝 피웠네

새색시 입술 연지 같은 붉은 꽃술은
찬란한 새봄 전주곡인 양
선홍 빛깔 토해내어
눈부신 춘삼월 살며시 전해 주네

매화 모란 연꽃 버금가는
선인장꽃 빼어난 아름다움은
열대사막 살인적 폭염 이겨낸
승전가 부르는 벅찬 기쁨이리

텃밭

호미질 잠깐 쉬고 등걸에 걸터앉아
법화산 자락 멀리서 바라보니
고운 단풍 사라져 낙목한천 쓸쓸한데
새벽하늘 붉은 숨결 토해내며
삭막한 겨울산 넉넉히 감싸주네

지난 봄 이곳에선 꽃내음 흠뻑 젖어
복숭아꽃 살구꽃 아기진달래
꽃대궐 그 노래 흥얼대었지
찬란한 새 봄 올 때까지
그 사이 함박눈 설경 펼치겠네

고개 돌려 멀리 용인향교 바라보니
아파트 숲 사이 고즈넉한 기와지붕
닭 무리 둘러싸인 군계일학인 듯
그곳에서 공부하는 병아리 시 학도는
이리저리 서투르게 시구 찾아 헤매네

애기똥풀

진달래 붉게 물든 법화산 자락
연두색 신록 눈부셔 바야흐로 봄은 절정
노란 꽃무리 곁들여 봄산 삼원색 두루 갖추네

꽃 이름이 애기똥풀… 꽃에 웬 똥?
똥은 똥인데 냄새 없고 더럽지 않은 똥
시골 할머니 워리워리 소리에 깡충 달려온 강아지
냠냠 입 다시며 핥아먹던 방바닥에 싸놓은 애기똥!

꽃대 꺾으면 노란 즙 솟아올라
젖먹이 갓난애기 궁둥이 살짝 삐져 나온
노르스름 맑은 똥줄기 같아
희한하게 꽃이름 붙여진 듯

봄 산야 지천 애기똥풀 바라보며
귀여운 손주 뽀송뽀송 궁둥이와
어릴 때 고향집 복술이 냠냠 애기똥 생각나
나도 몰래 입가 엷은 미소 스치네

텃밭 농사 첫 해

수년 전 어느 늦여름 집 뒤 야산에 새벽 산책 중 텃밭 동호회 회장 김 선생을 만나 그분의 안내로 모임에 소개되어 십수 평의 땅을 개간후보지로 할당받고 난생 처음 텃밭농사를 시작할 때 호기심과 신선함에 대한 기대로 마음이 한껏 부풀었었다.

무성한 잡초와 돌멩이를 힘들게 걷어내고 흙을 뒤집는 개간작업을 땀 흘리면서 해 나갈 때 내 입에서는 저절로 내가 이른 봄 파종하는 농부라도 된 듯, "삼천리 강산에 새봄이 왔다네, 농부는 밭을 갈고 씨를 뿌린다"는 어린 시절 노래가 흘러 나왔고 차츰 조성되어 가는 텃밭을 바라보면서 남모를 성취감의 희열이 내 마음에 밀려옴을 느꼈다.

모임에서 신참인 나에게 고수농사꾼 한 분을 지도자로 선임해 주었고 이분은 '이통' 이라는 애칭으로 불렸는데 박통, 전통, 노통을 떠올리며 자기는 '이가' 니까 '이통' 으로 불러 달라고 본인이 요청해 돈 드는 일 아닌데 따질 것 있냐고 다들 웃으면서 흔쾌히 응해 주었다고 하였다.

'이통' 사부께서는 "보기 좋은 떡이 먹기도 좋다"라는 말씀을 자주 하면서 항상 줄자를 휴대, 이랑 폭과 길이 각각 몇 센티 식의, 정확한 규격에 따라 영농하는 법을 일러주셨고 지시에 따라 나는 사십 센티 간격으로 이랑 일곱 개를 조성하였으며 이때 이랑, 고랑이라는 단어의 의미가 "이랑은 작물을 식재하기 위해 형성한 凸(철)형의 흙 돋움, 고랑은 이랑과 이랑 사이의 凹(요)형 배수부지(排水敷地) 부분" 이라는 것과 유명한 시조 "동창이 밝았느냐 노고지리 우지진다/ 소치는 아해는 상기 아니 일었느냐/ 재너머 사래 긴 밭을 언제 매려 하느뇨" 의 '사래' 가 긴 이랑을 뜻한다는 것도 알게 되었다.

이랑 조성 후 나는 사부님께서 농사 성패는 시비(施肥)에 달렸다고 퇴비의 중요성을 강조하시며 가르쳐 주신 대로 20kg 퇴비 십여 푸대를 인근 농협에서 구입, 낑낑거리며 얼마 전만 해도 잡초 돌멩이 투성이 불모지였었지만 나의 노력으로 조성된 깔끔힌 신개간지로 운반, 이랑 당 2포대씩 살포하였는데 옆밭에서 농사짓던 할머니가 과다하다는 말을 하였으나 못들은 척 지시에만 따랐고 덕분에 일대에서는 나의 텃밭이 비옥도에서 탁월하여 타의 추종을 불허하는 양질의 배추와 무를 수확, 우리 집 김장 채소에 넉넉히 충당하고 딸집에도 나누어 주는 등 텃밭농사 첫해로서 기대 이상 좋은 성과를 거두어 마음이 한껏 뿌듯했었다.

이러한 일련의 과정중의 하이라이트는 첫 작물 무 새싹과 상면했을 때였는데 시비를 끝낸 후 종자가 퇴비의 강한 기운으로 손상입지 않도록 맨흙 띠를 만들어 정연하게 파종하고 물을 준 후 차일(遮日)을 위해 덮어놓은 신문지 위에 다시 물로 촉촉하게 적셔놓는 등 사부님의 자상한 지시에 따라 정성스럽게 작업한 결과였는지, 며칠 후 신문지를 걷어

내자 팡파르와 함께 막이 오르는 호화로운 무대처럼 연두색 새싹 띠들로 단장된 이랑은 생명탄생의 찬란한 빛을 뿜고 있어 그 경이로움에 내 입에서는 나도 모르게 '아!!'라는 탄성이 터져 나왔다.

"꽃밭에서 꽃들이 모여 살고요. 우리들은 유치원에 모여 살지요"라고 합창하는 유치원 귀여운 어린이들처럼 소복하게 표출된 새싹무리들이 만들어낸 눈부신 자태를 보면서 워즈워드의 〈초원의 빛과 영광〉 시구가 떠올랐고 퇴비로 시꺼멓고 냄새나게 된 흙과 모래알 같은 씨앗들이 만들어낸 생명창조의 경이로움에, 예수님께서 천국 말씀을 하시면서 "농부가 뿌린 씨, 썩어서는 많은 열매, 씨가 자라 큰 나무에 새가 둥지를" 등 씨를 자주 인용하여 비유하신 이유를 알 듯한 느낌이었다.

며칠 뒤부터 거의 매일 조금씩 솎아오는, 내가 처음 지은 농산물, 연록색 여린 무 새싹에 고추장, 된장, 참기름을 얹어 비빈 밥을 먹었을 때 혀 끝에 스쳤던 그 감치는 맛을 어느 진수성찬이 대신할 수 있으랴!

해가 바뀌어 이듬해 봄이 되니 텃밭은 어릴 때 우리 집 마당 한쪽의, 다알리아, 봉선화, 채송화, 백일홍 등이 피어 촉촉하게 봄비가 내리면 비를 흠뻑 맞아 터질 듯 탱탱해진 꽃과 잎의 싱싱한 모습을 보면서 내 마음도 덩달아 행복했었던 온갖 꽃들이 만개한, 추억의 화단과도 같았다. 호기심이 발동하여 많은 종류의 봄채소 상추, 고추, 가지, 도마도, 쪽파, 시금치, 쑥갓, 아욱, 근대, 참외, 수박 등을 심어 십여 평

규모의 밭이 꽉 차 삐죽 넘쳐 밀려 나올 듯했고 방울토마토는 포도송이보다 더 주렁주렁 달렸으며 수박도 몇 개가 자라 외가에 온 손녀에게 할아버지 할머니가 지은 수박이라고 자랑도 하였다.

이처럼 풍성한 결실은 첫해 넘치는 시비를 했기 때문이며 몇 년 간은 추가 없이 첫 해 시비 효력만으로도 좋은 수확 거둘 수 있었겠으나 아파트 건설 예정인 땅 주인이 담장치고 출입을 금해 아쉽게도 포기하고 애써 두 필지 삼십 평을 새롭게 마련, 고구마, 감자, 우엉, 호박, 부추, 양파 등 새로운 작물을 더하여, 지난 수년간 경작해 오고 있으며, 얼마전 모란시장에서 생강 400g 사서 개당 서너 개로 쪼개 심어놓고 이번 비가 그치면 표출될 것으로 예상되는 새싹을 기다리는 중이다.

텃밭 덕분에 우리 집 식탁에는 상추, 쑥갓 등 싱싱한 쌈거리 푸성귀가 넉넉하며 집사람은 손주들과 "할머니 집에 오면 텃밭에 가자" 라고 약속도 하고 딸, 며느리들에게 채소보따리를 나누며 "어머님 잘 먹겠습니다" 라는 인사를 받는 등 베푸는 즐거움에 흐뭇해 한다.

나는 텃밭에서 호미질을 잠시 멈추고 나무 등걸에 걸터앉아 내려다보이는 법화산 자락의 계절변화를 음미하면서 용인향교 시학도로 돌아가 시구 탐색에 몰두하기도 하는데 요샌 텃밭 길목에 마북소공원 조성공사가 막바지이어서 준공되면 오가는 길에 잠시 간이운동 시설이 설치된 그곳에 들러 무릎 관절에 좋다는 근력강화운동을 해야겠다고 마음

먹고 있다.

이렇게 텃밭 농사는 나의 중요한 생활터전 중의 하나가 되었고 자식들이 모여 살자며 서울로 이사해 오기를 권하지만 많은 것을 베풀어 주는 고맙고 소중한 텃밭을 결코 포기할 수 없어 우리 내외는 이곳 마북땅에 오래도록 눌러 살기로 하였다.

편집후기

아름다운 꿈의 보금자리

용인향교 문학반이라는 둥지에서 태어난 동인들이 모여 아름다운 글을 모았습니다. 외로울 때도 기쁠 때도 생활 속에서 부딪는 희로애락의 감정을 글로 나타내는 기쁨은 우리들만이 누리는 축복이라 느껴집니다.

이른 봄 씨앗을 뿌려 알곡을 추수하는 농부의 심정으로 네 번째 동인지를 묶으면서 지나간 일들이 주마등처럼 스쳐 갑니다.

용인향교 명륜대학에 설치된 문학반의 수료생을 중심으로 동인활동을 시작한 것이 2003년이라 생각됩니다. 그 동안 우리 동인들은 세 번에 걸친 동인지 발간 외에도 해마다 시화전과 시낭송회 등을 개최하였으며 개인적으로도 시단에 등단을 하거나 개인 시집을 내는 등 활발한 문학 활동을 통해 동인들의 저력을 보여준 바 있습니다.

그러나 동인들은 늘 초심을 잃지 않고 자만하지 않으며 서로 어깨 두드려 격려하며 보다 좋은 글을 쓰기 위해 열심히 노력하고 있습니다.

지난 날 이 고장 유생들의 배움터이기도 했던 용인향교는

뒤늦게 문학을 공부하려고 뛰어든 동인들에게는 더 없이 다정하고 고향처럼 느껴지는 어머니 품속 같은 곳입니다. 참으로 멀게만 느껴지던 문학의 꿈을 현실로 잉태케 하고 자라게 한 꿈의 동산이라 할 것입니다.

대문을 들어서는 마당 한 켠으로는 키 큰 은행나무와 알밤을 터뜨리는 밤나무가 있고 철 따라 피어나는 개나리며 모란 작약 봉선화가 웃고 있어 아름다운 시상을 떠올리기에도 안성맞춤이라 할 것입니다.

이러한 아름다운 배움터에서 열심히 가르쳐 주시는 김태호 선생님의 한결 같은 보살핌에 힘입어 문학반 반원들이 일취월장 성장해 가고 있다고 생각합니다. 더욱이 올해에는 새로운 얼굴의 여러 문우들이 들어와 활력소가 되고 있으며 동인지도 어느 해보다 풍성하게 꾸며졌다고 생각합니다.

그 동안 힘써 글을 모으며 뒷바라지를 해준 이은경 반장님과 아름다운 작품을 쓰느라 땀 흘리신 모든 문우들께 축하의 박수를 드리며 사화집 말미에 한 줄의 글을 얹습니다.

고맙습니다.

2011년 9월 일

편집 대표 **김수자**

용인명륜문학회 제4집
은행나무 숲길을 따라
•
지은이 / 이은경 외
펴낸이 / 김재엽
펴낸곳 / 한누리미디어
디자인 / 지선숙
•
121-840, 서울시 마포구 서교동 395-13 서원빌딩 2층
전화 / (02)379-4514, 379-4519
Fax / (02)379-4516
E-mail/hannury2003@hanmail.net
•
신고번호 / 제300-2006-61호
등록일 / 1993. 11. 4
•
초판발행일 / 2011년 9월 30일
•

•
값 10,000원
•
※잘못된 책은 바꿔드립니다.
※이 책은 용인예총 창작 지원금을 지원받아 출판되었습니다.
•
ISBN 978-89-7969-399-7 03810